# 目次

# 1 数字の書き方

　商業科の授業では，たくさんの数字を書く機会が多くあります。そのため，誰が見てもわかりやすい数字を，素早く書くことが求められます。

　ここでは，数字手本を参考に，数字の書き方を練習してみましょう。ただし，以下の数字は読み間違いが起こりやすい数字となるため，特に注意が必要です。

　0と6　，　1と7　，　5と8　，　7と9

　また，数字が正確に書けない場合，これ以外にも間違えやすい数字となることがあるので気をつけましょう。

## 数字手本

## step ↗ 1　数字をなぞってみましょう

## step ↗ 2　枠内に0～9の練習してみましょう

## step ↗ 3　様々な大きさで0～9を書く練習してみましょう

# 2 記号の書き方

ここでは，通貨の記号や長さの記号などの書き方を練習し，単位を覚えましょう。

## step ↗ 1  記号を書いてみましょう

| | | | | | | | | | |
|---|---|---|---|---|---|---|---|---|---|
| 通貨 | 円 | ¥ | ¥ | ¥ | ¥ | ¥ | | | |
| 単位 | ドル | $ | $ | $ | $ | $ | | | |
| | ユーロ | € | € | € | € | € | | | |
| 長さ | ヤード (0.9144m) | yd | yd | yd | yd | yd | | | |
| 単位 | フィート (0.3048m) | ft | ft | ft | ft | ft | | | |
| | インチ (2.54cm) | in | in | in | in | in | | | |
| 重さ | グラム | g | g | g | g | g | | | |
| 単位 | ポンド (0.4536kg) | lb | lb | lb | lb | lb | | | |

## step ↗ 2  例のように，数字と単位を，数字と記号に書き換えてみましょう

| | 単位 | 記号 |
|---|---|---|
| 例 | 50 円 | ¥50 |
| | 6 インチ | |
| | 2 ポンド | |
| | 8 ユーロ | |
| | 10 グラム | |
| | 100 ドル | |

## step ↗ 3  例のように，数字と記号を，数字と単位に書き換えてみましょう

| | 記号 | 単位 |
|---|---|---|
| 例 | ¥100 | 100 円 |
| | €250 | |
| | 1 ft | |
| | 300 g | |
| | $40 | |
| | 10 yd | |

# 3 位取り

　数字の桁数が増え「1200000」のように，単純に数字を羅列して書いた場合，値として読み取るには時間がかかることがあります。そのため，3桁ごとにコンマ（カンマともいう）で区切り「1,200,000」と表記することで，値として読み取りやすくなります。また，「1,200,000」について，単位を活用し，「120万」と表記することもできます。

　コンマは，「,」で表記され，小数点は「.」で表記されます。コンマと小数点が同時に使われる場合，間違えやすいことがあります。そのため，コンマは「左払い」，小数点は「右留め」と書き分けることもあります。なお，コンマは「、」と表記されることがあるので注意が必要です。

　また，電卓の機種によっては，右図のようにコンマが数値の上側に表示されていることがありますが，手書きで表記する際，コンマは数字の下側に書くのが一般的です。

**step ↗1** 例のように，数値にコンマをつけてみましょう

| | 数値 | コンマつき |
|---|---|---|
| 例 | 600702 | 600,702 |
| | 540910 | |
| | 1221229 | |
| | 9876543210 | |

**step ↗2** 例のように，数値を万単位に書き換えてみましょう

| | 数値 | 万単位 |
|---|---|---|
| 例 | 50,000 | 5万 |
| | 200,000 | |
| | 3,200,000 | |
| | 16,000,000 | |

**step ↗3** 例のように，数値にコンマをつけてみましょう。また，数値を億単位に書き換えてみましょう

| | 数値 | コンマつき | 億単位 |
|---|---|---|---|
| 例 | 670000000 | 670,000,000 | 6.7億 |
| | 8590000000 | | |
| | 243000000000 | | |
| | 987650000000 | | |

# 4 四則演算

商業科では，四則演算を使って，問題を解く機会があります。簡単な四則演算の復習をしましょう。

**step ↗1** 次の計算をやってみましょう

(1) $11+24=$

(2) $34-13=$

(3) $12\times4=$

(4) $48\div3=$

(5) $34+18=$

(6) $54-29=$

(7) $352\times4=$

(8) $972\div6=$

**step ↗2** 次の計算をやってみましょう

(1) $-34+65=$

(2) $-52-44=$

(3) $-6\times9=$

(4) $-72\div(-9)=$

(5) $-78+49=$

(6) $-84-47=$

(7) $24\times19=$

(8) $576\div36=$

**step ↗3** 次の計算をやってみましょう

(1) $211+564=$

(2) $434-123=$

(3) $-241\times(-3)=$

(4) $-147\div3=$

(5) $-361+534=$

(6) $294-331=$

(7) $58\times(-37)=$

(8) $-851\div23=$

次に，簡単な四則演算だけではなく，足し算や引き算，掛け算などが混じった式の計算について，計算の優先順位に注意して計算してみましょう。

計算の優先順位

①累乗　②かっこ　③掛け算・割り算　④足し算・引き算

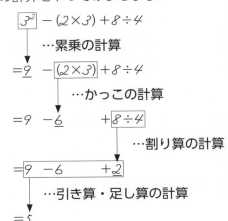

例題　次の計算をやってみましょう

$$3^2 - (2 \times 3) + 8 \div 4$$

　　　…累乗の計算

$$= 9 - (2 \times 3) + 8 \div 4$$

　　　…かっこの計算

$$= 9 - 6 + 8 \div 4$$

　　　…割り算の計算

$$= 9 - 6 + 2$$

　　　…引き算・足し算の計算

$$= 5$$

**step↗①**　次の計算をやってみましょう

(1)　$8 \div (2^2 + 4)$

$= 8 \div (^{①}\boxed{\phantom{00}} + 4)$

$= 8 \div ^{②}\boxed{\phantom{00}}$

$= ^{③}\boxed{\phantom{00}}$

(2)　$-5 \times (6 - 7) - 9$

$= -5 \times (^{①}\boxed{\phantom{00}}) - 9$

$= ^{②}\boxed{\phantom{00}} - 9$

$= ^{③}\boxed{\phantom{00}}$

**step↗②**　次の計算をやってみましょう

(1)　$5 + 4 \div 2 =$

(2)　$(7 - 9) \times 3 =$

(3)　$-8 \times (3^2 + 1) =$

(4)　$16 \div (4 \times 2) =$

(5)　$(-1 + 2^3) \div 7 =$

(6)　$-5 \times (3 - 6) =$

**step↗③**　次の計算をやってみましょう

(1)　$16 \times (3^2 - 5) + 12 =$

(2)　$-48 - (16 - 2^3) \times 32 =$

# 5 単位の計算

ここでは，速さ・時間・距離の計算をやってみましょう。

---

速さ・時間・距離の計算について

例題1　時速60kmで2時間走り続けました。何km進みましたか。

　　　　　速さ×時間＝距離　　　　時速60km×2時間＝120km

例題2　120kmの距離を時速60kmで走りました。何時間かかりましたか。

　　　　　距離÷速さ＝時間　　　　120km÷時速60km＝2時間

例題3　120kmの距離を進むのに2時間かかりました。時速何kmでしたか。

　　　　　距離÷時間＝速さ　　　　120km÷2時間＝時速60km

---

## step ↗1　次の計算をやってみましょう

(1) 時速50kmで2時間走り続けました。何km進みましたか。

解　式：50□2＝□　　　　　　　　　　　　　　答

(2) 160kmの距離を時速40kmで走りました。何時間かかりましたか。

解　式：160□40＝□　　　　　　　　　　　　　答

(3) 180kmの距離を進むのに3時間かかりました。時速何kmでしたか。

解　式：180□3＝□　　　　　　　　　　　　　　答

## step ↗2　次の計算をやってみましょう

(1) 時速40kmで3時間走り続けました。何km進みましたか。　　　答

(2) 135kmの距離を時速45kmで走りました。何時間かかりましたか。　　答

(3) 130kmの距離を進むのに2時間かかりました。時速何kmでしたか。　答

## step ↗3　次の計算をやってみましょう

(1) 時速50kmで2時間30分走り続けました。何km進みましたか。　　答

(2) 140kmの距離を時速40kmで走りました。何時間かかりましたか。　答

(3) 90kmの距離を進むのに1時間30分かかりました。時速何kmでしたか。

　　　　　　　　　　　　　　　　　　　　　　　　　　　　　答

自国の通貨を海外の通貨にしたり，海外の通貨を自国の通貨にする（「換算」という）ことが必要な場合があります。ここでは，「円（¥）」から「ドル（$）」，「ドル（$）」から「円（¥）」，「円（¥）」から「ユーロ（€）」，「ユーロ（€）」から「円（¥）」の計算をやってみましょう。

---

例題 1　¥2,200 は何ドルですか。ただし，$1＝¥110 とします。

　　　¥2,200÷¥110＝$20

例題 2　$20 は何円ですか。ただし，$1＝¥110 とします。

　　　$20×¥110＝¥2,200

例題 3　¥4,800 は何ユーロですか。ただし，€1＝¥120 とします。

　　　¥4,800÷¥120＝€40

例題 4　€40 は何円ですか。ただし，€1＝¥120 とします。

　　　€40×¥120＝¥4,800

---

## step ↗ 1　次の計算をやってみましょう

(1)　¥1,200 は何ドルですか。ただし，$1＝¥20 とします。

解　式：1,200 ☐ 120 ＝ ☐　　　　　　　　　　答 ＿＿＿＿＿＿

(2)　$30 は何円ですか。ただし，$1＝¥100 とします。

解　式：30 ☐ 100 ＝ ☐　　　　　　　　　　　答 ＿＿＿＿＿＿

(3)　¥3,960 は何ユーロですか。ただし，€1＝¥90 とします。

解　式：3,960 ☐ 90 ＝ ☐　　　　　　　　　　答 ＿＿＿＿＿＿

(4)　€60 は何円ですか。ただし，€1＝¥110 とします。

解　式：60 ☐ ¥110 ＝ ☐　　　　　　　　　　答 ＿＿＿＿＿＿

## step ↗ 2　次の計算をやってみましょう

(1)　¥1,320 は何ドルですか。ただし，$1＝¥110 とします。　　答 ＿＿＿＿＿＿

(2)　$55 は何円ですか。ただし，$1＝¥120 とします。　　　　答 ＿＿＿＿＿＿

(3)　¥2,645 は何ユーロですか。ただし，€1＝¥115 とします。　答 ＿＿＿＿＿＿

(4)　€74 は何円ですか。ただし，€1＝¥125 とします。　　　　答 ＿＿＿＿＿＿

## step ↗ 3　次の計算をやってみましょう

(1)　¥2,415 は何ドルですか。ただし，$1＝¥105 とします。　　答 ＿＿＿＿＿＿

(2)　$11.50 は何円ですか。ただし，$1＝¥110 とします。　　　答 ＿＿＿＿＿＿

(3)　¥5,580 は何ユーロですか。ただし，€1＝¥124 とします。　答 ＿＿＿＿＿＿

(4)　€20.80 は何円ですか。ただし，€1＝¥150 とします。　　　答 ＿＿＿＿＿＿

# 6 比・割合の計算

ここでは，割合について確認しましょう。

| 小数 | 百分率 | 歩合 | 分数 |
|---|---|---|---|
| 1 | 100% | 10 割 | $\dfrac{1}{1}$ |
| 0.1 | 10% | 1 割 | $\dfrac{1}{10}$ |
| 0.01 | 1% | 1 分 | $\dfrac{1}{100}$ |
| 0.001 | 0.1% | 1 厘 | $\dfrac{1}{1000}$ |
| 0.0001 | 0.01% | 1 毛 | $\dfrac{1}{10000}$ |

## step ↗ 1  表の空欄をうめてみましょう

| 小数 | 百分率 | 歩合 |
|---|---|---|
| 0.54 | (1) | (2) |
| (3) | 0.36% | (4) |
| (5) | (6) | 6 分 8 厘 |
| 0.297 | (7) | (8) |
| (9) | 1.42% | (10) |
| (11) | (12) | 3 割 9 毛 |
| 0.905 | (13) | (14) |

## step ↗ 2　次の計算をやってみましょう

(1)　100 の 15% はいくつですか。　　　　　　　　　　　答 _____

(2)　200 の 1 割はいくつですか。　　　　　　　　　　　答 _____

(3)　300 の $\frac{1}{15}$ はいくつですか。　　　　　　　　　答 _____

(4)　400 の 20.5% はいくつですか。　　　　　　　　　答 _____

(5)　500 の 3 分 4 厘はいくつですか。　　　　　　　　答 _____

(6)　600 の $\frac{3}{20}$ はいくつですか。　　　　　　　　答 _____

## step ↗ 3　次の計算をやってみましょう

(1)　ある数の 30% が 45 でした。ある数はいくつですか。　　答 _____

(2)　ある数の 2 割が 180 でした。ある数はいくつですか。　　答 _____

(3)　ある数の $\frac{1}{5}$ が 25 でした。ある数はいくつですか。　　答 _____

(4)　ある数の 1.4% が 7 でした。ある数はいくつですか。　　答 _____

(5)　ある数の 3 割 5 厘が 122 でした。ある数はいくつですか。　　答 _____

(6)　ある数の $\frac{5}{12}$ が 250 でした。ある数はいくつですか。　　答 _____

# 7 商品売買の計算

次に，商品売買に関する計算をやってみましょう。

用語の説明

原　価…お店が仕入れた（買った）時の金額。

定　価…お店が販売する（売る）時の予定金額。

利　益…商品を買った金額と売れた金額の差額（もうけ）。

利益率…利益の割合。

例題 / 　定価 ¥3,000 の商品を販売したところ ¥500 の利益を得ました。原価はいくらですか。

考え方：定価　－　利益　＝　原価

解　式：3,000－500＝2,500　　　　　　　　　　　　　　　　答　　¥2,500

例題 2 　原価 ¥1,000 の商品に ¥200 の利益を見込んで定価をつけました。定価はいくら
　　　　ですか。

考え方：原価　＋　利益　＝　定価

解　式：1,000＋200＝1,200　　　　　　　　　　　　　　　　答　　¥1,200

例題 3 　原価 ¥2,000 の商品に原価に対して 20% の利益を見込みました。利益額はいくら
　　　　ですか。

考え方：原価　×　利益率　＝　利益

解　式：2,000×0.2＝400　　　　　　　　　　　　　　　　　答　　　¥400

例題 4 　原価 ¥4,000 の商品に ¥800 の利益を見込みました。原価に対する利益率は何%
　　　　ですか。

考え方：利益　÷　原価　＝　利益率

解　式：800÷4,000＝0.2（20%）　　　　　　　　　　　　　答　　　20%

## step ↗1　次の計算をやってみましょう

(1)　定価 ¥1,800 の商品を販売しところ ¥300 の利益を得ました。原価はいくらですか。

解　式：1,800☐☐☐300＝☐☐☐☐☐　　　　　　　　　答

(2)　原価 ¥3,000 の商品に ¥900 の利益を見込んで定価をつけました。定価はいくらですか。

解　式：3,000☐☐☐900＝☐☐☐☐☐　　　　　　　　　答

(3)　原価 ¥3,000 の商品に原価に対して 25% の利益を見込みました。利益額はいくらですか。

解　式：3,000☐☐☐0.25＝☐☐☐☐☐　　　　　　　　　答

(4)　原価 ¥5,000 の商品に ¥1,000 の利益を見込みました。原価に対する利益率は何%ですか。

解　式：1,000☐☐☐5,000＝☐☐☐☐☐　　　　　　　　　答

## step ↗ 2 次の計算をやってみましょう

(1) 原価 ¥4,000 の商品に原価に対して 25% の利益を見込みました。利益額はいくらですか。

答 _____

(2) 原価 ¥6,000 の商品に ¥1,500 の利益を見込みました。原価に対する利益率はいくらですか。

答 _____

(3) 定価 ¥2,600 の商品を販売したところ ¥600 の利益を得ました。原価はいくらですか。

答 _____

(4) 原価 ¥3,000 の商品に ¥450 の利益を見込んで定価をつけました。定価はいくらですか。

答 _____

(5) 原価 ¥1,500 の商品に原価に対して 1割2分 の利益を見込みました。利益額はいくらですか。

答 _____


## step ↗ 3 次の計算をやってみましょう

(1) 定価 ¥2,160 の商品を販売したところ ¥360 の利益を得ました。原価はいくらですか。

答 _____

(2) 原価 ¥1,900 の商品に ¥570 の利益を見込んで定価をつけました。定価はいくらですか。

答 _____

(3) 原価 ¥4,200 の商品に原価に対して 25% の利益を見込みました。利益額はいくらですか。

答 _____

(4) 原価 ¥3,400 の商品に ¥850 の利益を見込みました。原価に対する利益率は何%ですか。

答 _____

(5) 原価 ¥2,500 の商品に原価に対して 2割2分 の利益を見込みました。利益額はいくらですか。

答 _____

(6) 原価の 20% にあたる ¥400 の利益を得ました。販売した金額はいくらですか。

答 _____

(7) 原価 ¥4,000 の商品を販売したところ原価に対して 15% の利益を得ました。販売した金額はいくらですか。

答 _____

(8) 原価 ¥3,200 の商品を ¥3,840 で販売しました。原価に対する利益率は何%ですか。

答 _____

# 8 敬語

　社会人の一般常識として，敬語の基本を確認しましょう。敬語にはお客様や目上の人などに対してうやまって使用する「尊敬語」や自分自身や自分の身内などに対してへりくだって使用する「謙譲語」，立場を考慮せずに「です」や「ます」などの丁寧に表現する「丁寧語」などがあります。ここでは，ビジネスの場で一般的に注意すべき敬語として，「尊敬語」と「謙譲語」を学びましょう。

## step ↗ 1　尊敬語・謙譲語を選択群から選んでみましょう

| 基本形 | 尊敬語 | 謙譲語 |
|---|---|---|
| 言う | (1) | 申す，申し上げる |
| 聞く | (2) | うかがう，拝聴する |
| 読む | お読みになる | (3) |
| 行く | (4) | 参る，うかがう |
| 会う | お会いになる，会われる | (5) |
| 来る | いらっしゃる，おいでになる みえる，お越しになる | 参る (6) |
| 食べる | (7) | いただく，頂戴する |
| 帰る | お帰りになる，帰られる | (8) |
| 見る | (9) | 拝見する |
| する | (10) | いたす，させていただく |

### 選択群

| | | | | |
|---|---|---|---|---|
| お目にかかる | ご覧になる | お聞きになる | うかがう | いらっしゃる |
| 拝読する | 召し上がる | おいとまする | おっしゃる | なさる |

## step ↗ 2 　適切な文章を選んでみましょう

(1) ア．私からお客様へ質問を**おっしゃる**。

　　イ．私からお客様へ質問を**申し上げる**。　　　　　　　　　　答（　　　　）

(2) ア．お客様が注意点を**お聞きになる**。

　　イ．お客様が注意点を**拝聴する**。　　　　　　　　　　　　答（　　　　）

(3) ア．私が上司から渡された文書を**お読みになる**。

　　イ．私が上司から渡された文書を**拝読する**。　　　　　　　答（　　　　）

(4) ア．お客様が昼食を**召し上がる**。

　　イ．お客様が昼食を**いただく**。　　　　　　　　　　　　　答（　　　　）

(5) ア．私が取引先に**いらっしゃる**。

　　イ．私が取引先に**参る**。　　　　　　　　　　　　　　　　答（　　　　）

## step ↗ 3 　下線部の言葉が適切な文章となるよう選択群から敬語を選んでみましょう

(1) 取引先の担当者が**来る**。　　　　　　　　　　　（　　　　　　　　）

(2) 私が新しいデザイン案を**見る**。　　　　　　　　（　　　　　　　　）

(3) 社長が新入社員に**会う**。　　　　　　　　　　　（　　　　　　　　）

(4) お客様が**帰る**。　　　　　　　　　　　　　　　（　　　　　　　　）

(5) お客様の代わりに操作を**する**。　　　　　　　　（　　　　　　　　）

### 選択群

| | | | | |
|---|---|---|---|---|
| お越しになる | ご覧になる | お会いになる | お帰りになる | なさる |
| 参る | 拝見する | お目にかかる | おいとまする | させていただく |

　なお，「貴」や「お」，「ご」などをつけて尊敬語で表現する場合や，「弊」や「粗」などをつけて謙譲語で表現する場合があります。例えば，「会社」を尊敬語で表現した場合，「貴社」となり，謙譲語で表現した場合，「弊社」などとなります。

# ⑨ 商業科で使用する用語

ここでは，商業科で使用する用語を学ぶ前に最低限社会人として備えておいた方がよい知識を確認しましょう。

一般常識

| 漢字 | 読み方 | 解説 |
|---|---|---|
| 睦月 | むつき | 1 月の異名 |
| 如月 | きさらぎ | 2 月の異名 |
| 弥生 | やよい | 3 月の異名 |
| 卯月 | うづき | 4 月の異名 |
| 皐月 | さつき | 5 月の異名 |
| 水無月 | みなづき | 6 月の異名 |
| 文月 | ふみづき | 7 月の異名 |
| 葉月 | はづき | 8 月の異名 |
| 長月 | ながつき | 9 月の異名 |
| 神無月 | かんなづき | 10 月の異名 |
| 霜月 | しもつき | 11 月の異名 |
| 師走 | しわす | 12 月の異名 |

| 漢字 | 読み方 | 解説 |
|---|---|---|
| 子 | ね | 十二支の鼠 |
| 丑 | うし | 十二支の牛 |
| 寅 | とら | 十二支の虎 |
| 卯 | う | 十二支の兎 |
| 辰 | たつ | 十二支の竜 |
| 巳 | み | 十二支の蛇 |
| 午 | うま | 十二支の馬 |
| 未 | ひつじ | 十二支の羊 |
| 申 | さる | 十二支の猿 |
| 酉 | とり | 十二支の鶏 |
| 戌 | いぬ | 十二支の犬 |
| 亥 | い | 十二支の猪 |

| 漢字 | 読み方 |
|---|---|
| 水星 | すいせい |
| 金星 | きんせい |
| 地球 | ちきゅう |
| 火星 | かせい |
| 木星 | もくせい |
| 土星 | どせい |
| 天王星 | てんのうせい |
| 海王星 | かいおうせい |

| 漢字 | 読み方 |
|---|---|
| 縄文時代 | じょうもんじだい |
| 弥生時代 | やよいじだい |
| 古墳時代 | こふんじだい |
| 飛鳥時代 | あすかじだい |
| 奈良時代 | ならじだい |
| 平安時代 | へいあんじだい |
| 鎌倉時代 | かまくらじだい |
| 室町時代 | むろまちじだい |
| 安土桃山時代 | あづちももやまじだい |
| 江戸時代 | えどじだい |

以下は，これから学ぶ用語の一部です。商業科で特有の読み方をするものもあるので注意しましょう。

| 漢字 | 読み方 |
|---|---|
| 受取手形 | うけとりてがた |
| 売上 | うりあげ |
| 売掛金 | うりかけきん |
| 買掛金 | かいかけきん |
| 買回品 | かいまわりひん |
| 貸方 | かしかた |
| 貸付金 | かしつけきん |
| 片落とし | かたおとし |
| 借入金 | かりいれきん |
| 仮受金 | かりうけきん |
| 借方 | かりかた |
| 仮払金 | かりばらいきん |
| 元金 | がんきん |
| 希少性 | きしょうせい |
| 供給 | きょうきゅう |
| 繰越商品 | くりこししょうひん |
| 現金出納帳 | げんきんすいとうちょう |
| 小口現金 | こぐちげんきん |
| 財政状態 | ざいせいじょうたい |
| 仕入 | しいれ |
| 仕入諸掛 | しいれしょがかり |
| 資産 | しさん |
| 試算表 | しさんひょう |
| 支払手形 | しはらいてがた |
| 資本 | しほん |
| 収益 | しゅうえき |
| 終身雇用 | しゅうしんこよう |
| 需要 | じゅよう |

| 漢字 | 読み方 |
|---|---|
| 商圏 | しょうけん |
| 接遇 | せつぐう |
| 相互扶助 | そうごふじょ |
| 損益計算書 | そんえきけいさんしょ |
| 貸借対照表 | たいしゃくたいしょうひょう |
| 立替金 | たてかえきん |
| 建値 | たてね |
| 注文請書 | ちゅうもんうけしょ |
| 定款 | ていかん |
| 締結 | ていけつ |
| 当座借越 | とうざかりこし |
| 当座預金 | とうざよきん |
| 度量衡 | どりょうこう |
| 値入率 | ねいれりつ |
| 年功序列 | ねんこうじょれつ |
| 売買契約 | ばいばいけいやく |
| 費用 | ひよう |
| 付加価値 | ふかかち |
| 負債 | ふさい |
| 不渡手形 | ふわたりてがた |
| 前受金 | まえうけきん |
| 前払金 | まえばらいきん |
| 未収入金 | みしゅうにゅうきん |
| 未払金 | みはらいきん（みばらいきん） |
| 最寄品 | もよりひん |
| 履行 | りこう |
| 両端入れ | りょうはいれ |
| 割引料 | わりびきりょう |

# step ↗ ❶①　商業科で使用する用語を練習１と練習２に漢字で書く練習をしてみましょう

| 漢字 | 読み方 | 練習１ | 練習２ |
|---|---|---|---|
| 受取手形 | うけとりてがた | | |
| 売上 | うりあげ | | |
| 売掛金 | うりかけきん | | |
| 買掛金 | かいかけきん | | |
| 買回品 | かいまわりひん | | |
| 貸方 | かしかた | | |
| 貸付金 | かしつけきん | | |
| 片落とし | かたおとし | | |
| 借入金 | かりいれきん | | |
| 仮受金 | かりうけきん | | |
| 借方 | かりかた | | |
| 仮払金 | かりばらいきん | | |
| 元金 | がんきん | | |
| 希少性 | きしょうせい | | |
| 供給 | きょうきゅう | | |
| 繰越商品 | くりこししょうひん | | |
| 現金出納帳 | げんきんすいとうちょう | | |
| 小口現金 | こぐちげんきん | | |
| 財政状態 | ざいせいじょうたい | | |

| 漢字 | 読み方 | 練習1 | 練習2 |
|---|---|---|---|
| 仕入 | しいれ | | |
| 仕入諸掛 | しいれしょがかり | | |
| 資産 | しさん | | |
| 試算表 | しさんひょう | | |
| 支払手形 | しはらいてがた | | |
| 資本 | しほん | | |
| 収益 | しゅうえき | | |
| 終身雇用 | しゅうしんこよう | | |
| 需要 | じゅよう | | |
| 商圏 | しょうけん | | |
| 接遇 | せつぐう | | |
| 相互扶助 | そうごふじょ | | |
| 損益計算書 | そんえきけいさんしょ | | |
| 貸借対照表 | たいしゃくたいしょうひょう | | |
| 立替金 | たてかえきん | | |
| 建値 | たてね | | |
| 注文請書 | ちゅうもんうけしょ | | |
| 定款 | ていかん | | |
| 締結 | ていけつ | | |

**step ↗1③** 商業科で使用する用語を練習1と練習2に漢字で書く練習をしてみましょう

| 漢字 | 読み方 | 練習1 | 練習2 |
|---|---|---|---|
| 当座借越 | とうざかりこし | | |
| 当座預金 | とうざよきん | | |
| 度量衡 | どりょうこう | | |
| 値入率 | ねいれりつ | | |
| 年功序列 | ねんこうじょれつ | | |
| 売買契約 | ばいばいけいやく | | |
| 費用 | ひよう | | |
| 付加価値 | ふかかち | | |
| 負債 | ふさい | | |
| 不渡手形 | ふわたりてがた | | |
| 前受金 | まえうけきん | | |
| 前払金 | まえばらいきん | | |
| 未収入金 | みしゅうにゅうきん | | |
| 未払金 | みはらいきん(みばらいきん) | | |
| 最寄品 | もよりひん | | |
| 履行 | りこう | | |
| 両端入れ | りょうはいれ | | |
| 割引料 | わりびきりょう | | |

## step ➜ 2  商業科で使用する用語の読みを書いてみましょう

| 番号 | 漢字 | 読み方 |
|------|------|--------|
| (1) | 買掛金 | |
| (2) | 小口現金 | |
| (3) | 商圏 | |
| (4) | 履行 | |
| (5) | 定款 | |
| (6) | 付加価値 | |
| (7) | 貸借対照表 | |
| (8) | 買回品 | |
| (9) | 貸方 | |
| (10) | 当座借越 | |
| (11) | 売掛金 | |
| (12) | 注文請書 | |
| (13) | 現金出納帳 | |
| (14) | 最寄品 | |
| (15) | 借入金 | |
| (16) | 元金 | |
| (17) | 建値 | |
| (18) | 両端入れ | |

| 番号 | 読み方 | 漢字 | 練習 |
|---|---|---|---|
| (1) | しはらいてがた | | |
| (2) | かしつけきん | | |
| (3) | しゅうしんこよう | | |
| (4) | かりうけきん | | |
| (5) | しさんひょう | | |
| (6) | しさん | | |
| (7) | ねんこうじょれつ | | |
| (8) | まえうけきん | | |
| (9) | うりあげ | | |
| (10) | ふさい | | |
| (11) | まえばらいきん | | |
| (12) | ひよう | | |
| (13) | しいれしょがかり | | |
| (14) | しいれ | | |
| (15) | くりこししょうひん | | |
| (16) | みはらいきん（みばらいきん） | | |
| (17) | ふわたりてがた | | |
| (18) | そんえきけいさんしょ | | |
| (19) | しほん | | |

**step ▸3②**　商業科で使用する用語の漢字を書き，できなかった漢字は練習でもう一度書いてみましょう

| 番号 | 読み方 | 漢字 | 練習 |
|------|--------|------|------|
| (1) | ていけつ | | |
| (2) | うけとりてがた | | |
| (3) | ねいれりつ | | |
| (4) | ばいばいけいやく | | |
| (5) | かりかた | | |
| (6) | どりょうこう | | |
| (7) | たてかえきん | | |
| (8) | かたおとし | | |
| (9) | そうごふじょ | | |
| (10) | ざいせいじょうたい | | |
| (11) | きょうきゅう | | |
| (12) | わりびきりょう | | |
| (13) | とうざよきん | | |
| (14) | みしゅうにゅうきん | | |
| (15) | せつぐう | | |
| (16) | しゅうえき | | |
| (17) | きしょうせい | | |
| (18) | じゅよう | | |
| (19) | かりばらいきん | | |

# 10 アルファベットの書き方

商業科では，アルファベットを書く機会も多いため，ここで確認しましょう。

**step ↗1**　アルファベットをなぞってみましょう

ABCDEFGHIJKLMNOPQRSTUVWXYZ

abcdefghijklmnopqrstuvwxyz

**step ↗2**　アルファベット（A〜Z, a〜z）を書いてみましょう

**step ↗3**　アルファベット（A〜Z, a〜z）を書いてみましょう

ここでは，アルファベットの練習をしましょう。

| | step ↗1 アルファベットをなぞってみましょう | step ↗2 補助線を意識して書いてみましょう | step ↗3 補助線なしで書いてみましょう | |
|---|---|---|---|---|
| January | January | | | |
| February | February | | | |
| March | March | | | |
| April | April | | | |
| May | May | | | |
| June | June | | | |
| July | July | | | |
| August | August | | | |
| September | September | | | |
| October | October | | | |
| November | November | | | |
| December | December | | | |

# 11 電卓の使い方

　商業科では，授業の中で電卓を使用する機会が多くあります。電卓には，単純に四則演算を行うだけではなく，日付計算や端数処理などの機能を持った機種があります。様々な機能について学び，活用することで，より効率的な処理が可能となります。

　電卓の数字配列は，大きく二つに分けられます。

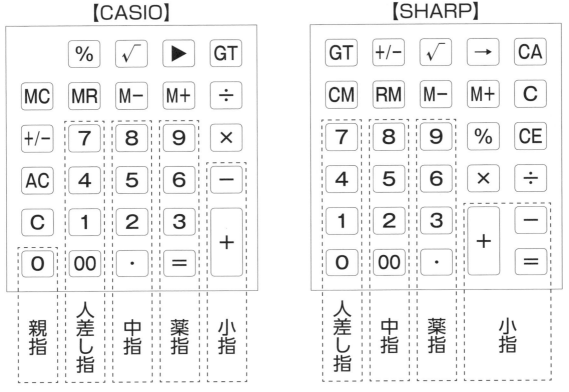

※　なお，入力方法については，右手で入力することを前提とするため，左手で練習する場合，読み替えが必要です。

　効率的な入力を行う方法として，電卓を見ないで入力できるようになることが重要です。多くの機種では，入力時に電卓を見なくても正確に入力できるよう，5 のキーに小さな突起やへこみがあります。この 5 のキーに中指，4 に人差し指，6 に薬指を置いた状態を基本として入力練習をするとよいでしょう。さらにそれぞれの指を入力するキーを上記の図のように割り当てるとよいでしょう。

　入力練習を行う場合，入力後は指を基本の状態に戻し，入力の直前は，常に指の位置を基本の状態にしておくとよいでしょう。

また，数字キー（0〜9）や四則演算キー（+，−，×，÷），イコールキー（=）以外にも，様々な種類のキーがあります。ここでは，数字入力に主眼を置いているため，簡単な説明のみとします。

| 名称 | キー | 説明 |
|---|---|---|
| パーセントキー | % | 百分率を求める |
| ルートキー | √ | 平方根を求める |
| 桁下げキー | ▶ → | 表示されている最後の数字を消す |
| グランドトータルキー | GT | 計算結果の合計を求める |
| 独立メモリーキー | MC MR M− M+ CM RM | 独立メモリーを使用する |
| サインチェンジキー | +/- | 正負を切り替える |
| オールクリアキー | AC （S型 C） | 独立メモリー以外を消去する |
| クリアキー | C （S型 CE） | 表示されている数字を消去する |
| クリアオールキー | CA | すべてを消去する |

電卓を使って計算してみましょう。

| No. | 例題 / |
|---|---|
| / | 45 |
| 2 | 56 |
| 3 | 64 |
| 4 | 44 |
| 計 | 209 |

キータッチの例

4 5 + 5 6 + 6 4 + 4 4 =

※ 数字の左側に，符号がない場合，その数字を足しましょう。

| No. | 例題 2 |
|---|---|
| / | 65 |
| 2 | −54 |
| 3 | 56 |
| 4 | −45 |
| 計 | 22 |

キータッチの例

6 5 − 5 4 + 5 6 − 4 5 =

※ 数字の左側に，−の符号がある場合，その数字を引きます。

# 12 電卓演習

ここでは，電卓を活用するにあたって，最も基本となる数字入力の練習をしましょう。

**step ↗1** 電卓を使って計算してみましょう

| No. | (1) | (2) | (3) | (4) | (5) |
|---|---|---|---|---|---|
| 1 | 455 | 546 | 644 | 554 | 556 |
| 2 | 556 | 455 | 455 | 654 | 644 |
| 3 | 654 | 464 | 554 | 444 | 664 |
| 4 | 544 | 444 | 456 | 646 | 554 |
| 5 | 664 | 466 | 654 | 565 | 444 |
| 計 | | | | | |

| No. | (6) | (7) | (8) | (9) | (10) |
|---|---|---|---|---|---|
| 1 | 999 | 799 | 978 | 898 | 988 |
| 2 | 787 | 778 | 977 | 979 | 797 |
| 3 | 997 | 978 | 978 | 989 | 788 |
| 4 | 888 | 778 | 779 | 777 | 779 |
| 5 | 798 | 797 | 999 | 889 | 999 |
| 計 | | | | | |

| No. | (11) | (12) | (13) | (14) | (15) |
|---|---|---|---|---|---|
| 1 | 313 | 211 | 133 | 311 | 112 |
| 2 | 222 | 231 | 112 | 231 | 113 |
| 3 | 311 | 323 | 111 | 122 | 232 |
| 4 | 211 | 313 | 112 | 312 | 233 |
| 5 | 213 | 332 | 223 | 313 | 233 |
| 計 | | | | | |

## step ⤴ **2**① 電卓を使って計算してみましょう

| No. | (1) | (2) | (3) | (4) | (5) |
|---|---|---|---|---|---|
| 1 | 996 | 664 | 896 | 987 | 564 |
| 2 | 476 | 975 | 866 | 756 | 794 |
| 3 | 986 | 499 | 488 | 965 | 895 |
| 4 | 967 | 668 | 466 | 466 | 546 |
| 5 | 846 | 876 | 999 | 888 | 768 |
| 6 | 668 | 454 | 757 | 885 | 668 |
| 7 | 954 | 666 | 548 | 565 | 594 |
| 計 | | | | | |

| No. | (6) | (7) | (8) | (9) | (10) |
|---|---|---|---|---|---|
| 1 | 511 | 565 | 356 | 556 | 253 |
| 2 | 645 | 562 | 162 | 162 | 336 |
| 3 | 466 | 414 | 242 | 152 | 144 |
| 4 | 641 | 412 | 146 | 243 | 632 |
| 5 | 615 | 252 | 421 | 265 | 524 |
| 6 | 333 | 242 | 111 | 455 | 621 |
| 7 | 234 | 563 | 254 | 226 | 656 |
| 計 | | | | | |

| No. | (11) | (12) | (13) | (14) | (15) |
|---|---|---|---|---|---|
| 1 | 229 | 183 | 731 | 711 | 732 |
| 2 | 291 | 882 | 973 | 272 | 728 |
| 3 | 171 | 181 | 332 | 123 | 239 |
| 4 | 731 | 823 | 933 | 127 | 913 |
| 5 | 131 | 171 | 992 | 392 | 991 |
| 6 | 791 | 938 | 112 | 971 | 791 |
| 7 | 127 | 881 | 971 | 827 | 939 |
| 計 | | | | | |

## step ↗2② 電卓を使って計算してみましょう

| No. | (1) | (2) | (3) | (4) | (5) |
|---|---|---|---|---|---|
| 1 | 450 | 464 | 655 | 605 | 450 |
| 2 | 545 | 606 | 566 | 464 | 454 |
| 3 | 554 | 645 | 500 | 560 | 500 |
| 4 | 450 | 455 | 646 | 444 | 400 |
| 5 | 555 | 400 | 560 | 606 | 400 |
| 6 | 454 | 605 | 564 | 554 | 564 |
| 7 | 445 | 656 | 564 | 640 | 550 |
| 計 | | | | | |

| No. | (6) | (7) | (8) | (9) | (10) |
|---|---|---|---|---|---|
| 1 | 405 | 606 | 604 | 666 | 404 |
| 2 | 464 | 560 | 560 | 656 | 450 |
| 3 | 466 | 406 | 604 | 664 | 545 |
| 4 | 444 | 454 | 446 | 550 | 450 |
| 5 | 506 | 550 | 664 | 466 | 544 |
| 6 | 665 | 500 | 665 | 555 | 454 |
| 7 | 664 | 454 | 556 | 446 | 550 |
| 計 | | | | | |

| No. | (11) | (12) | (13) | (14) | (15) |
|---|---|---|---|---|---|
| 1 | 604 | 406 | 406 | 550 | 606 |
| 2 | 404 | 664 | 465 | 564 | 604 |
| 3 | 556 | 564 | 456 | 644 | 504 |
| 4 | 645 | 646 | 456 | 655 | 504 |
| 5 | 446 | 565 | 654 | 404 | 445 |
| 6 | 655 | 650 | 655 | 504 | 445 |
| 7 | 455 | 450 | 564 | 446 | 600 |
| 計 | | | | | |

step ↗ 3 ① 電卓を使って計算してみましょう

| No. | (1) | (2) | (3) | (4) | (5) |
|---|---|---|---|---|---|
| 1 | 629 | 658 | 808 | 870 | 721 |
| 2 | 342 | 653 | 204 | 805 | 209 |
| 3 | 751 | 815 | 555 | 658 | 747 |
| 4 | 379 | 417 | 456 | 577 | 219 |
| 5 | 297 | 406 | 501 | 159 | 469 |
| 6 | 277 | 759 | 110 | 961 | 878 |
| 7 | 764 | 113 | 468 | 667 | 407 |
| 計 | | | | | |

| No. | (6) | (7) | (8) | (9) | (10) |
|---|---|---|---|---|---|
| 1 | 734 | 633 | 469 | 523 | 485 |
| 2 | 248 | 665 | 708 | 184 | 699 |
| 3 | 480 | 879 | 299 | 518 | 474 |
| 4 | 713 | 803 | 877 | 850 | 385 |
| 5 | 263 | 492 | 387 | 504 | 340 |
| 6 | 242 | 117 | 758 | 269 | 340 |
| 7 | 257 | 664 | 745 | 990 | 219 |
| 計 | | | | | |

| No. | (11) | (12) | (13) | (14) | (15) |
|---|---|---|---|---|---|
| 1 | 184 | 641 | 169 | 910 | 313 |
| 2 | 449 | 693 | 938 | 673 | 749 |
| 3 | 930 | 859 | 565 | 557 | 775 |
| 4 | 420 | 732 | 751 | 780 | 248 |
| 5 | 852 | 589 | 457 | 304 | 123 |
| 6 | 323 | 199 | 586 | 165 | 250 |
| 7 | 553 | 436 | 789 | 361 | 643 |
| 計 | | | | | |

## step ↗**3**② 電卓を使って計算してみましょう

| No. | (1) | (2) | (3) | (4) | (5) |
|---|---|---|---|---|---|
| 1 | 759 | 974 | 776 | 722 | 887 |
| 2 | 216 | 338 | 894 | −242 | 261 |
| 3 | 560 | −333 | 665 | 792 | 659 |
| 4 | 267 | 968 | −909 | 537 | 534 |
| 5 | 863 | 765 | −782 | 956 | 710 |
| 6 | 211 | 908 | 226 | −352 | 146 |
| 7 | 266 | −150 | 672 | 897 | 839 |
| 8 | 440 | 599 | 337 | −225 | 184 |
| 9 | 925 | 585 | −212 | 329 | 222 |
| 10 | 237 | −103 | 756 | 832 | 404 |
| 計 | | | | | |

| No. | (6) | (7) | (8) | (9) | (10) |
|---|---|---|---|---|---|
| 1 | 4,083 | 5,416 | 1,502 | 8,614 | 2,862 |
| 2 | 9,966 | −1,778 | 6,186 | 8,728 | 4,152 |
| 3 | 5,199 | 7,611 | −5,199 | 7,455 | 4,149 |
| 4 | 6,717 | −4,367 | 2,304 | 4,165 | 6,948 |
| 5 | 5,078 | 4,572 | 9,858 | −5,327 | 9,753 |
| 6 | 4,285 | 4,442 | −1,370 | 4,309 | 3,286 |
| 7 | 8,262 | 2,000 | 5,584 | −6,679 | 9,226 |
| 8 | 6,249 | 8,230 | 8,143 | −4,419 | 8,809 |
| 9 | 4,309 | −5,140 | 3,908 | 5,748 | 8,628 |
| 10 | 3,192 | 5,981 | −3,061 | 4,562 | 6,606 |
| 計 | | | | | |

| No. | (1) | (2) | (3) | (4) | (5) |
|---|---|---|---|---|---|
| 1 | 13.17 | 96.70 | 21.91 | 91.41 | 31.67 |
| 2 | 21.15 | -63.11 | 97.83 | 93.29 | 20.90 |
| 3 | 19.24 | 33.75 | -50.50 | 51.10 | 37.34 |
| 4 | 53.50 | 74.22 | 27.06 | -84.94 | 18.08 |
| 5 | 46.32 | 37.59 | 62.32 | -67.83 | 67.75 |
| 6 | 90.93 | 81.24 | -11.09 | 29.44 | 27.63 |
| 7 | 94.07 | 43.56 | 77.86 | -63.65 | 64.47 |
| 8 | 11.82 | -94.91 | 39.74 | 64.72 | 69.56 |
| 9 | 37.81 | 79.56 | -53.37 | 78.86 | 76.89 |
| 10 | 84.70 | -18.58 | 89.62 | 95.68 | 53.50 |
| 計 | | | | | |

| No. | (6) | (7) | (8) | (9) | (10) |
|---|---|---|---|---|---|
| 1 | 98.92 | 84.37 | 38.50 | 20.81 | 35.58 |
| 2 | 61.12 | 45.04 | 57.23 | -90.26 | 46.82 |
| 3 | 87.70 | -83.26 | 39.24 | 69.25 | 55.38 |
| 4 | 75.69 | -16.71 | 33.80 | 71.18 | 31.26 |
| 5 | 47.16 | 54.52 | -15.93 | 37.94 | 70.80 |
| 6 | 35.81 | 87.48 | 17.01 | -39.49 | 16.31 |
| 7 | 43.70 | 81.85 | -14.96 | 20.61 | 32.12 |
| 8 | 56.58 | 69.48 | 89.25 | -24.85 | 43.47 |
| 9 | 84.13 | -80.07 | 11.73 | 85.31 | 55.15 |
| 10 | 19.90 | 42.36 | -95.26 | 63.98 | 79.53 |
| 計 | | | | | |

# step ↗ 3 ④　電卓を使って計算してみましょう

| No. | (1) | (2) | (3) | (4) | (5) |
|---|---|---|---|---|---|
| 1 | 6,826 | 2,039 | 1,014 | 1,993 | 2,870 |
| 2 | 3,562 | 6,169 | −9,592 | 9,694 | 2,333 |
| 3 | 7,441 | −4,601 | 3,100 | 8,330 | 2,172 |
| 4 | 1,783 | 4,600 | 3,428 | −9,423 | 6,162 |
| 5 | 7,878 | 2,970 | 4,457 | 9,763 | 5,952 |
| 6 | 4,542 | −7,998 | −9,072 | 8,887 | 4,439 |
| 7 | 9,372 | 6,263 | 4,465 | 7,815 | 7,977 |
| 8 | 9,246 | 7,869 | −9,187 | 8,279 | 6,462 |
| 9 | 9,450 | 2,145 | 4,616 | −5,485 | 5,679 |
| 10 | 6,002 | −6,670 | 3,732 | −8,762 | 2,997 |
| 計 | | | | | |

| No. | (6) | (7) | (8) | (9) | (10) |
|---|---|---|---|---|---|
| 1 | 93.14 | 17.12 | 15.76 | 17.16 | 38.00 |
| 2 | 73.81 | 62.41 | 92.00 | −93.03 | 41.25 |
| 3 | 12.97 | −50.10 | 27.51 | 34.09 | 46.17 |
| 4 | 72.47 | 95.24 | −16.68 | 16.93 | 22.04 |
| 5 | 30.11 | 72.05 | 21.43 | 40.77 | 93.15 |
| 6 | 62.01 | 26.36 | −33.34 | 46.53 | 24.36 |
| 7 | 34.63 | −97.99 | 16.82 | 48.91 | 86.60 |
| 8 | 50.04 | 99.16 | 93.54 | −99.22 | 77.92 |
| 9 | 91.96 | −58.22 | 91.08 | −94.94 | 23.89 |
| 10 | 17.56 | 13.84 | −21.59 | 20.75 | 61.59 |
| 計 | | | | | |

| No. | (1) | (2) | (3) | (4) | (5) |
|---|---|---|---|---|---|
| 1 | 6,508 | 88.57 | 2,903 | 8,543 | 32.73 |
| 2 | 5,982 | 69.04 | −9,955 | 4,379 | 55.65 |
| 3 | 6,543 | −14.02 | 1,313 | 2,632 | 78.98 |
| 4 | 6,390 | 56.84 | 4,750 | −7,863 | 57.30 |
| 5 | 3,099 | 97.57 | 3,674 | 8,979 | 75.93 |
| 6 | 7,972 | 91.21 | −9,168 | 5,391 | 27.87 |
| 7 | 5,835 | −72.90 | 3,872 | 2,036 | 46.68 |
| 8 | 4,730 | 49.44 | −9,230 | 9,800 | 18.55 |
| 9 | 5,980 | −81.34 | 2,125 | −8,395 | 33.88 |
| 10 | 7,121 | 85.95 | 3,191 | −8,474 | 11.61 |
| 計 | | | | | |

| No. | (6) | (7) | (8) | (9) | (10) |
|---|---|---|---|---|---|
| 1 | 93.36 | 3,377 | 20.66 | 7,644 | 2,873 |
| 2 | 44.67 | 9,309 | −99.54 | 8,780 | 5,672 |
| 3 | 46.17 | −8,698 | 43.07 | 7,677 | 3,624 |
| 4 | 16.24 | 4,169 | 18.12 | 8,373 | 2,690 |
| 5 | −67.87 | 5,135 | 21.14 | 5,837 | 1,042 |
| 6 | 21.10 | −9,830 | 41.63 | 5,209 | 2,457 |
| 7 | −64.81 | 2,293 | 70.20 | 9,795 | 1,814 |
| 8 | 27.69 | 5,833 | −98.20 | 7,437 | 2,015 |
| 9 | 47.53 | 3,012 | −92.08 | 8,717 | 3,515 |
| 10 | −12.56 | −4,409 | 32.86 | 2,648 | 2,670 |
| 計 | | | | | |

# 13 キーボードの使い方

コンピュータに様々な情報を入力する方法として，キーボードからの入力方法があります。正確に素早く入力できるようになることで，より効率的な処理が可能となります。

なお，キーボードの配列は，以下の通りです。

キーボードからの入力を正確に素早く入力する方法として，どのキーをどの指で押すのかを以下のように決めておくとよいでしょう。

| キーの種類 | | | | | | | | |
|---|---|---|---|---|---|---|---|---|
| 指 | 左小指 | 左薬指 | 左中指 | 左人差し指 | 右人差し指 | 右中指 | 右薬指 | 右小指 |

また，左手の人差し指を F は ，中指を D し ，薬指を S と ，小指を A ち に置き，右手の人差し指を J ま ，中指を K の ，薬指を L り ，小指を + ; れ に置いた状態をホームポジションといいます。入力の前後に指をホームポジションに置く習慣をつけることで，キーボードを見ずに入力できるようになります。また， F は と J ま には小さな突起などの目印がついており，両人差し指を置くことでホームポジションがやりやすくなっています。

なお，キーボードには，上記以外にファンクションキーやカーソルキーなどが付いています。さらには，キーの組み合わせによってコピーや貼り付けなどの操作ができるショートカットキーの機能があります。詳細については別の機会にじっくりと学び，多くの機能を適切に活用し，より効率的な処理ができるようになりましょう。

ここでは，キーボードからローマ字でひらがなを入力するさいの対応表を確認しましょう。

| あ<br>A | い<br>I | う<br>U | え<br>E | お<br>O |
|---|---|---|---|---|
| ぁ<br>LA<br>XA | ぃ<br>LI<br>XI | ぅ<br>LU<br>XU | ぇ<br>LE<br>XE | ぉ<br>LO<br>XO |
| か<br>KA | き<br>KI | く<br>KU | け<br>KE | こ<br>KO |
| きゃ<br>KYA | きぃ<br>KYI | きゅ<br>KYU | きぇ<br>KYE | きょ<br>KYO |
| さ<br>SA | し<br>SI<br>SHI | す<br>SU | せ<br>SE | そ<br>SO |
| しゃ<br>SYA<br>SHA | しぃ<br>SYI | しゅ<br>SYU<br>SHU | しぇ<br>SYE<br>SHE | しょ<br>SYO<br>SHO |
| た<br>TA | ち<br>TI<br>CHI | つ<br>TU<br>TSU | て<br>TE | と<br>TO |
| ちゃ<br>TYA<br>CHA<br>CYA | ちぃ<br>TYI | ちゅ<br>TYU<br>CHU<br>CYU | ちぇ<br>TYE<br>CHE<br>CYE | ちょ<br>TYO<br>CHO<br>CYO |
| な<br>NA | に<br>NI | ぬ<br>NU | ね<br>NE | の<br>NO |
| にゃ<br>NYA | にぃ<br>NYI | にゅ<br>NYU | にぇ<br>NYE | にょ<br>NYO |
| は<br>HA | ひ<br>HI | ふ<br>HU<br>FU | へ<br>HE | ほ<br>HO |
| ひゃ<br>HYA | ひぃ<br>HYI | ひゅ<br>HYU | ひぇ<br>HYE | ひょ<br>HYO |
| ま<br>MA | み<br>MI | む<br>MU | め<br>ME | も<br>MO |
| みゃ<br>MYA | みぃ<br>MYI | みゅ<br>MYU | みぇ<br>MYE | みょ<br>MYO |

| や<br>YA | | ゆ<br>YU | | よ<br>YO |
|---|---|---|---|---|
| ゃ<br>LYA<br>XYA | | ゅ<br>LYU<br>XYU | | ょ<br>LYO<br>XYO |
| ら<br>RA | り<br>RI | る<br>RU | れ<br>RE | ろ<br>RO |
| りゃ<br>RYA | りぃ<br>RYI | りゅ<br>RYU | りぇ<br>RYE | りょ<br>RYO |
| わ<br>WA | を<br>WO | ん<br>NN | | |
| が<br>GA | ぎ<br>GI | ぐ<br>GU | げ<br>GE | ご<br>GO |
| ぎゃ<br>GYA | ぎぃ<br>GYI | ぎゅ<br>GYU | ぎぇ<br>GYE | ぎょ<br>GYO |
| ざ<br>ZA | じ<br>ZI<br>JI | ず<br>ZU | ぜ<br>ZE | ぞ<br>ZO |
| じゃ<br>ZYA<br>JA<br>JYA | じぃ<br>ZYI<br>JYI | じゅ<br>ZYU<br>JU<br>JYU | じぇ<br>ZYE<br>JE<br>JYE | じょ<br>ZYO<br>JO<br>JYO |
| だ<br>DA | ぢ<br>DI | づ<br>DU | で<br>DE | ど<br>DO |
| ぢゃ<br>DYA | ぢぃ<br>DYI | ぢゅ<br>DYU | ぢぇ<br>DYE | ぢょ<br>DYO |
| ば<br>BA | び<br>BI | ぶ<br>BU | べ<br>BE | ぼ<br>BO |
| びゃ<br>BYA | びぃ<br>BYI | びゅ<br>BYU | びぇ<br>BYE | びょ<br>BYO |
| ぱ<br>PA | ぴ<br>PI | ぷ<br>PU | ぺ<br>PE | ぽ<br>PO |
| ぴゃ<br>PYA | ぴぃ<br>PYI | ぴゅ<br>PYU | ぴぇ<br>PYE | ぴょ<br>PYO |
| っ<br>LTU<br>XTU | っ（促音）は，LTU や XTU 以外に，子音を２つ続けても入力できる。<br>例　こっち…KOTTI | | | |

# 15 情報モラル

## Ⅰ．携帯電話・スマートフォンについて

　現在，携帯電話・スマートフォン（以下，携帯端末）は，いつでもどこでも利用できる環境が整っています。だからといって，イラストのような場面では携帯端末を利用するのは控えた方がよいでしょう。利用したからといってただちに罰則が設けられているわけではありませんが，利用してよいとは限りません。場合によっては，携帯端末の利用について，あまりよく思わない人や迷惑に思う人がいることを認識する

必要があります。以下のようなシチュエーションについては，各自で注意していく必要があります。

## 1　公共の交通機関を利用している時

　携帯端末で音楽やゲームを楽しむさいにつけるヘッドホンやイヤホンの音漏れを不快に感じる人がいます。大音量で楽しみたいかもしれませんが，ある程度我慢することが携帯端末利用におけるマナーです。同様に，車内での通話についても迷惑に感じる人がいるため，控えるのがマナーです。

　また，優先席付近では携帯端末を利用してはいけません。携帯端末の電波が医療機器への影響が少ないとの報告が出されたことを背景に，優先席付近でも混雑時以外は携帯端末の電源を切らなくてもよいという公共交通機関が増えてきました。しかし，少し前には影響があるとされていました。そのため，「大丈夫」とすぐに切り替えができない人にも配慮する気持ちが必要です。携帯端末の利用によって，不快に感じる人がいるのであれば，利用を控えるのが携帯端末を利用するさいの大切なマナーです。

## 2　歩いている時

| 事故事例 |
|---|
| 携帯端末を見ながら歩いていて，マンション前の階段で転倒し背中にけがをした。 |
| 歩きながら携帯端末を操作していたさい，路上の段差につまずいて転倒し右肩にけがをした。 |
| 駅ホーム内で携帯端末を操作しながら歩行中に誤ってレールへ転落し，脇腹にけがをした。 |

　事故事例からわかるように，携帯端末を利用している最中は周囲への注意がおろそかになり，事故やけがにつながりやすいです。そのため，歩きながらの携帯端末利用（歩きスマホ）をしてはいけません。

　歩行者と自転車を含めた乗り物の接触事故の場合，基本的に歩行者が責任を追及されることはありません。しかしながら，車道への飛び出しや横断歩道外での横断など，安全確認が不十分の場合，歩行者が責任を求められることがあります。

　イラストの事例は車道ではなく歩道を歩いている最中での接触事故です。これは一つのメッセージと捉えるべきです。日本では歩きスマホに対する罰則規定のある法律や条例はありませんが，歩きスマホによる事故でぶつかった相手にけがをさせてしまった場合には，刑事罰に問われることがあります。なお，実際にアメリカ・ニュージャージー州のフォートリーやハワイ州のホノルルでは，「歩きスマホ」が条例により禁止されています。道路の横断時に携帯端末を見ることを禁止したものではありますが，違反者には罰金が科せられます。「罰金があるからやらない」のではなく，携帯端末を利用するうえでのマナーとして，歩きながら画面を見たり，操作をしたりしてはいけません。

### 3　友人や家族と一緒にいる時

　携帯端末の性能向上と利用環境が整っていることもあり，ゲームや動画などに非常にのめり込みやすい状況といえます。そのため，友人や家族から声をかけられても，携帯端末の画面から目を離さないまま会話をしてしまうことがあるかもしれません。ただし，それでは会話にならず，コミュニケーションをとることなど絶望的といえます。

　イラストのように自分自身が話しかけたにもかかわらず，携帯端末から目を離さないまま返事をされた場合，どのような気分になるか想像してください。その時の気分を言葉で表現すると様々な言葉が出てくることが考えられます。「気分が良い」や「明るい気持ちになる」などの言葉が出てくることは，とてもではないですが想像できません。おそらく，全く逆の言葉が連なるのではないでしょうか。

　一方，話しかけられた側からするとゲームや動画などが楽しすぎて中断することはもちろん，一時も目が離せないのかもしれません。しかし，相手の目を見て話すことは「社会人としてのマナー」だけではなく，人として生活する上での基本的な心構えではないでしょうか。もしかしたら，頭ではわかっていても携帯端末が気になって仕方がないということがあるかもしれません。万が一，自分自身がすでにそのような状況であれば，今後の生活の中で重大な支障が出る可能性が考えられます。携帯端末が気になる状況が一時的なものであれば全く問題ありませんが，気になる状況が長く続くようであれば，「ネット依存症」になっているかもしれません。

　次ページに「ネット依存症チェックシート」を掲載しました。誰でもネット依存症になる可能性があります。どれくらい携帯端末（ネット）に依存した生活をしているか確認してみましょう。

**次の質問に「はい」か「いいえ」で答えてみましょう。**

| | |
|---|---|
| 1　朝起きたり，休憩時間になると，すぐに携帯端末を利用している。 | 2　携帯端末を利用している最中に寝てしまったことがある。 |

| | |
|---|---|
| 3　授業や部活動などの時間にも関わらず，携帯端末が気になってしまうことがある。 | 4　携帯端末の利用時間が長いと指摘されたことがある。 |

| | |
|---|---|
| 5　家族や友人と話す時間より，携帯端末の利用時間が長い日がある。 | 6　夜中，携帯端末を利用したため，朝起きられなかったことがある。 |

　「はい」が3つ以上の場合は，ネット依存症の可能性があります。「ネット依存症」のキーワードで検索してみましょう。

## Ⅱ．SNS について

　携帯端末利用者の多くが利用しているサービスとして，SNS があります。SNS とは「Social Networking Service（ソーシャル・ネットワーキング・サービス）」の略称で，インターネット上でコミュニケーションを可能とした Web サービスの総称です。ここでは，SNS の利用における簡単な注意事項を紹介します。


### 1　SNS の利用

　SNS では実名で登録し，利用することが条件になっていることがあります。そのため，知り合いも見つけやすく，知り合いから見つけてもらいやすい特徴があります。さらに，プロフィールも同時に登録するため，同じ趣味を持った人々とも出会いやすくなっています。しかし，SNS 上だけの友人に会うことは慎重になった方がよいでしょう。自分がいくら注意深く行動していても，トラブルに巻き込まれてしまうことがあります。

　SNS では音楽や画像などの投稿も可能で，簡単に公開ができるようになっています。ただし，簡単に公開できるからといって安易な気持ちで公開してはいけません。自分が作成したもの以外を公開した場合，著作権の侵害となり，罰則を科せられることがあります。また，文字だけであっても意図しない解釈をされ，トラブルに発展することがあります。公開する情報は十分に考えなくてはいけません。

## 2 LINE について

　LINE では 1 対 1 やグループ単位でメッセージ交換が可能であり，基本的に知り合い同士の
コミュニケーションとなります。また，メッセージ送信後，受信した相手がメッセージを読ん
だ場合，「既読」が表示されます。返信を促すメッセージに対して，「既読」が表示されている
にもかかわらずすぐに返信がないことに対して，メッセージの送信者が憤りや不信感を持つこ
とがあります。しかし，様々な事情が重なりすぐに返信ができないことがある，ということを
理解し，相手の状況を思いやるやさしさと寛容な気持ちを持つことが必要です。

　LINE は「通話料」がかからず無料で音声通話やビデオ通話（以下 LINE 通話）を利用でき
ます。注意しなくてはならないのは，「通話料」は無料ですが，「データ通信容量」は必要と
なっている点です。また，LINE 通話は発信側に「データ通信容量」が発生することはもちろ
ん，受信側にも「データ通信容量」が必要です。通信会社によっては家族全員でデータ通信容
量を分け合うサービスがあります。LINE 通話が無料だと思い毎日利用していると，家族全員
のデータ通信容量を一人で使い切ってしまうことがあるため，利用には注意が必要です。

　いずれにしても，SNS の利用にあたっては適切な知識と態度が必要であると同時に，SNS
がコミュニケーションツールの一つであることを忘れてはなりません。本来であれば，直接
会ってコミュニケーションをとることが望ましいはずです。しかしながら，様々な理由から直
接会うことができないため，SNS を活用しているに過ぎない，という認識を持つことが SNS
を適切に利用する上で必要なことではないでしょうか。

# 16 商業科で学習できるおもな資格一覧

商業科ではさまざま資格を学習できます。例を挙げたので見ていきましょう。

| | 資格名 | 級など | 学習のメリット |
|---|---|---|---|
| 簿記・会計分野 | 全商簿記実務検定 | 1級，2級，3級 | 簿記に関する知識が身につく。 |
| | 全商財務諸表分析検定 | | 財務諸表分析に関する知識が身につく。 |
| | 全商財務会計検定 | | 財務会計に関する知識が身につく。 |
| | 全商管理会計検定 | | 管理会計に関する知識が身につく。 |
| | 日商簿記検定 | 1級，2級，3級，簿記初級，原価計算初級 | 簿記に関する知識が身につく。1級合格で税理士試験の受験資格が得られる。 |
| | 全経簿記能力検定 | 上級，1級，2級，3級，基礎簿記会計 | 簿記に関する知識が身につく。上級合格で税理士試験の受験資格が得られる。 |
| | 税理士 | | 資格を取得すると，税理士業務を行うことができる。 |
| | 公認会計士 | | 資格を取得すると，公認会計士業務を行うことができる。 |
| 珠算・電卓分野 | 全商ビジネス計算実務検定 | 1級，2級，3級 | そろばん・電卓操作の迅速性・正確性が身につく。 |
| | 全経電卓計算能力検定 | 段位，1級，2級，3級，4級 | 電卓操作の迅速性・正確性が身につく。 |
| 情報処理分野 | 全商ビジネス文書実務検定 | 1級，2級，3級 | ビジネス文書に関する知識と作成する技術が身につく。 |
| | 全商情報処理検定 | 1級ビジネス情報，1級プログラミング，2級ビジネス情報，2級プログラミング，3級 | コンピュータに関する知識や，表計算ソフトとデータベースの活用，プログラミングの技能が身につく。 |
| | ITパスポート試験 | | 社会人が備えておくべき情報技術に関する基礎的な知識が身につく。 |
| | 情報セキュリティマネジメント試験 | | 情報セキュリティ管理に必要な知識・応用力が身につく。 |

| | 資格名 | 級など | 学習のメリット |
|---|---|---|---|
| 情報処理分野 | 基本情報技術者試験 | | 高度 IT 人材となるために必要な基本的な知識・技術が身につく。 |
| | 応用情報技術者試験 | | 高度 IT 人材となるために必要な応用的な知識・技術が身につく。 |
| | 日商プログラミング検定 | EXPERT, STANDARD, BASIC, ENTRY | プログラミングに関する基本的な知識，技術が身につく。 |
| | 日検情報処理技能検定試験<br>　表計算<br><br>　データベース | 初段，1級，準1級，2級，準2級，3級，4級<br>1級，2級，3級，4級 | 表計算ソフト・データベースソフトを通じて，情報処理能力が身につく。 |
| | 情報検定（J 検）<br>　情報活用試験<br>　情報システム試験<br><br><br>　情報デザイン試験 | 1級，2級，3級<br>基本スキル，<br>プログラミングスキル，<br>システムデザインスキル<br>上級，初級 | 「情報」を扱う人材に必要な知識・技術が身につく。 |
| | マイクロソフトオフィススペシャリスト（MOS） | Word, Excel, PowerPoint, Access， Outlook | マイクロソフトオフィス製品の利用スキルが身につく。 |
| 商業経済分野 | 全商商業経済検定 | 1級，2級，3級 | 商業経済や企業経営，日本の法体系について基本的な知識が身につく。 |
| | 全商ビジネスコミュニケーション検定 | | 社会人として必要なマナーやコミュニケーションに関する知識・技術が身につく。 |
| | 全商英語検定 | 1級，2級，3級 | 外国人とのコミュニケーションに必要な基本的な英語の知識が身につく。 |
| | 日商リテールマーケティング検定 | 1級，2級，3級 | 流通・小売業界で必要な知識・技術が身につく。 |
| | 秘書技能検定 | 1級，準1級，2級，3級 | 社会人なら誰でも備えておかなければならない基本的な常識が身につく。 |
| | 旅行業務取扱管理者試験 | 総合，国内，地域限定 | 資格を取得すると，旅行業務の管理・監督を行うことができる。 |

ほかにも学習できる資格はまだまだあります。気になった資格と合わせて調べてみましょう。

# 17 高校3年間の学習プラン

　中学校では，社会科で「地理」「歴史」「公民」の内容を学びました。高校では，学ぶ内容ごとに「科目」として学んでいきます。例えば，中学校では，社会科の中で「歴史」を学びましたが，高校では「歴史総合」や「世界史探究」などの科目の中で学んでいくことになります。つまり，中学校では「社会」の時間に歴史を学びましたが，高校では「世界史探究」などの時間に歴史を学ぶようになります。

　現在，商業科の科目は，20科目あります。高校在学中に，20科目のすべてを学ぶことは非常に難しいと言えます。そのため，学校の中には，2年時や3年時については，生徒の興味関心や進路希望に合わせて学校が設定した科目から，選択して授業を受けることがあります。

　ここでは，次ページ以降の教材を利用し，将来に会わせた科目を選択する体験を通して，商業科目の学習プランを考えてみよう。

## 記入例

**step 1** 将来の仕事を選び，関連する資格等を書いてみましょう

| 仕事 ＼ 資格等 | 全商簿記会計実務検定 | 全商財務諸表分析・財務会計・管理会計検定 | 日商簿記検定 | 全経簿記能力検定 | 税理士 | 公認会計士 | 全商ビジネス計算実務検定 | 全経電卓計算能力検定 | 全商ビジネス文書実務検定 | 全商情報処理検定 | ITパスポート試験 | 情報セキュリティマネジメント試験 | 基本情報技術者試験 | 応用情報技術者試験 | 日商プログラミング検定 | 日検情報処理技能検定試験 | 情報検定（J検） | マイクロソフトオフィススペシャリスト | 全商商業経済検定 | 全商英語検定 | 全商ビジネスコミュニケーション検定 | 日商リテールマーケティング検定 | 秘書技能検定試験 | 旅行業務取扱管理者試験 |
|---|---|---|---|---|---|---|---|---|---|---|---|---|---|---|---|---|---|---|---|---|---|---|---|---|
| ( ) 事務会計 | ○ | ○ | ○ | ○ | ○ | ○ | ○ | ○ | ○ | | | | | | | | | | | | | | | |
| ( ) 情報通信 | | | | | | | | | | ○ | ○ | ○ | ○ | ○ | ○ | ○ | ○ | ○ | | | | | | |
| ( ) 接客販売 | | | | | | | | | | | | | | | | | | | ○ | ○ | ○ | ○ | ○ | ○ |

| 資格等 | |
|---|---|
| 全商情報処理検定 | 日商プログラミング検定 |
| ITパスポート試験 | 日検情報処理技能検定試験 |
| 情報セキュリティマネジメント試験 | 情報検定（J検） |
| 基本情報技術者試験 | マイクロソフトオフィススペシャリスト |
| 応用情報技術者試験 | |

**step 2** **step 1** で書いた資格等を取得するために必要な科目名を書いてみましょう

| 資格等 | 科目名 |
|---|---|
| 全商簿記実務検定<br>全商財務諸表分析・財務会計・管理会計検定<br>日商簿記検定<br>全経簿記能力検定<br>税理士<br>公認会計士 | 簿記<br>財務会計I<br>財務会計II<br>原価計算<br>管理会計 |
| 全商ビジネス計算実務検定<br>全経電卓計算能力検定 | ビジネス基礎 |
| 全商ビジネス文書実務検定 | 情報処理 |
| 全商情報処理検定<br>ITパスポート試験<br>情報セキュリティマネジメント試験<br>基本情報技術者試験<br>応用情報技術者試験<br>日商プログラミング検定<br>日検情報処理技能検定試験<br>情報検定（J検）<br>マイクロソフトオフィススペシャリスト | 情報処理<br>ソフトウェア活用<br>プログラミング<br>ネットワーク活用<br>ネットワーク管理 |
| 全商商業経済検定<br>全商ビジネスコミュニケーション検定<br>全商英語検定<br>日商リテールマーケティング検定<br>秘書技能検定試験<br>旅行業務取扱管理者試験 | ビジネス基礎<br>ビジネス・コミュニケーション<br>マーケティング<br>商品開発と流通<br>観光ビジネス<br>ビジネス・マネジメント<br>グローバル経済<br>ビジネス法規 |

| 科目名 |
|---|
| 情報処理 |
| ソフトウェア活用 |
| プログラミング |
| ネットワーク活用 |
| ネットワーク管理 |

**step 3** 学校で実施されている科目について，入学のしおりや学校案内などに掲載されている教育課程表を参考にして，下の表に○をつけ，何年時に学ぶかも確認しましょう。さらに，**step 2** で書いた科目には，◎をつけてみましょう

| 科目名 | 教育課程 | 1年 | 2年 | 3年 |
|---|---|---|---|---|
| ビジネス基礎 | ○ | ○ | | |
| 課題研究 | ○ | | | ○ |
| 総合実践 | ○ | | | ○ |
| ビジネス・コミュニケーション | ○ | | | ○ |
| マーケティング | ○ | | ○ | |
| 商品開発と流通 | | | | |
| 観光ビジネス | | | | |
| ビジネス・マネジメント | ○ | | ○ | |
| グローバル経済 | | | | |
| ビジネス法規 | ○ | | | |
| 簿記 | ○ | ○ | | |
| 財務会計I | ○ | | ○ | |
| 財務会計II | ○ | | | |
| 原価計算 | ○ | | | |
| 管理会計 | | | | |
| 情報処理 | ○ | ◎ | | |
| ソフトウェア活用 | ○ | | ◎ | |
| プログラミング | ○ | | ◎ | |
| ネットワーク活用 | | | | |
| ネットワーク管理 | | | | |

**step 1** ～ **step 3** をふまえ，高校3年間の目標を書いてみましょう

> ソフトウェア活用やプログラミングの授業に積極的に取り組み，基本情報技術者試験や応用情報技術者試験の合格を目指したい。そして，将来は，情報通信関連の仕事に就きたい。

| 仕事＼資格等 | 全商簿記実務検定 | 全商財務諸表分析・財務会計・管理会計検定 | 日商簿記検定 | 全経簿記能力検定 | 税理士 | 公認会計士 | 全商ビジネス計算実務検定 | 全経電卓計算能力検定 | 全商ビジネス文書実務検定 | 全商情報処理検定 | ITパスポート試験 | 情報セキュリティマネジメント試験 | 基本情報技術者試験 | 応用情報技術者試験 | 日商プログラミング検定 | 日検情報処理技能検定試験 | 情報検定（J検） | マイクロソフトオフィススペシャリスト | 全商商業経済検定 | 全商ビジネスコミュニケーション検定 | 全商英語検定 | 日商リテールマーケティング検定 | 秘書技能検定試験 | 旅行業務取扱管理者試験 |
|---|---|---|---|---|---|---|---|---|---|---|---|---|---|---|---|---|---|---|---|---|---|---|---|---|
| （　）事務会計 | ○ | ○ | ○ | ○ | ○ | ○ | ○ | ○ | ○ | | | | | | | | | | | | | | | |
| （　）情報通信 | | | | | | | | | | ○ | ○ | ○ | ○ | ○ | ○ | ○ | ○ | ○ | | | | | | |
| （　）接客販売 | | | | | | | | | | | | | | | | | | | ○ | ○ | ○ | ○ | ○ | ○ |

| 資格等 | |
|---|---|
| | |
| | |
| | |
| | |

## step ➜ 2　step ➜ 1 で書いた資格等を学習するために必要な科目名を書いてみましょう

| 資格等 | 科目名 |
|---|---|
| 全商簿記実務検定<br>全商財務諸表分析・財務会計・管理会計検定<br>日商簿記検定<br>全経簿記能力検定<br>税理士<br>公認会計士 | 簿記<br>財務会計Ⅰ<br>財務会計Ⅱ<br>原価計算<br>管理会計 |
| 全商ビジネス計算実務検定<br>全経電卓計算能力検定 | ビジネス基礎 |
| 全商ビジネス文書実務検定 | 情報処理 |
| 全商情報処理検定<br>ITパスポート試験<br>情報セキュリティマネジメント試験<br>基本情報技術者試験<br>応用情報技術者試験<br>日商プログラミング検定<br>日検情報処理技能検定試験<br>情報検定（J検）<br>マイクロソフトオフィススペシャリスト | 情報処理<br>ソフトウェア活用<br>プログラミング<br>ネットワーク活用<br>ネットワーク管理 |
| 全商商業経済検定<br>全商ビジネスコミュニケーション検定<br>全商英語検定<br>日商リテールマーケティング検定<br>秘書技能検定試験<br>旅行業務取扱管理者試験 | ビジネス基礎<br>ビジネス・コミュニケーション<br>マーケティング<br>商品開発と流通<br>観光ビジネス<br>ビジネス・マネジメント<br>グローバル経済<br>ビジネス法規 |

| 科目名 |
|---|
| |
| |
| |
| |
| |
| |
| |

**step ↗3**  学校で実施されている科目について，入学のしおりや学校案内などに掲載されている教育課程表を参考にして，下の表に○をつけ，何年時に学ぶかも確認しましょう。さらに，**step ↗2**で書いた科目には，◎をつけてみましょう

| 科目名 | 教育課程 | 1年 | 2年 | 3年 |
|---|---|---|---|---|
| ビジネス基礎 | | | | |
| 課題研究 | | | | |
| 総合実践 | | | | |
| ビジネス・コミュニケーション | | | | |
| マーケティング | | | | |
| 商品開発と流通 | | | | |
| 観光ビジネス | | | | |
| ビジネス・マネジメント | | | | |
| グローバル経済 | | | | |
| ビジネス法規 | | | | |
| 簿記 | | | | |
| 財務会計Ⅰ | | | | |
| 財務会計Ⅱ | | | | |
| 原価計算 | | | | |
| 管理会計 | | | | |
| 情報処理 | | | | |
| ソフトウェア活用 | | | | |
| プログラミング | | | | |
| ネットワーク活用 | | | | |
| ネットワーク管理 | | | | |

**step ↗1**〜**step ↗3**をふまえ，高校3年間の目標を書いてみましょう

# 商業スタートノート
# 解答編

## 2 記号の書き方 (p. 4)

### step ↗2

| 単位 | 記号 |
|---|---|
| 50 円 | ¥50 |
| 6 インチ | 6 in |
| 2 ポンド | 2 lb |
| 8 ユーロ | €8 |
| 10 グラム | 10 g |
| 100 ドル | $100 |

### step ↗3

| 記号 | 単位 |
|---|---|
| ¥100 | 100 円 |
| €250 | 250 ユーロ |
| 1 ft | 1 フィート |
| 300 g | 300 グラム |
| $40 | 40 ドル |
| 10 yd | 10 ヤード |

## 3 位取り (p. 5)

### step ↗1

| 数値 | コンマつき |
|---|---|
| 600702 | 600,702 |
| 540910 | 540,910 |
| 12211229 | 12,211,229 |
| 9876543210 | 9,876,543,210 |

### step ↗2

| 数値 | 万単位 |
|---|---|
| 50,000 | 5 万 |
| 200,000 | 20 万 |
| 3,200,000 | 320 万 |
| 16,000,000 | 1,600 万 |

### step ↗3

| 数値 | コンマつき | 億単位 |
|---|---|---|
| 670000000 | 670,000,000 | 6.7 億 |
| 8590000000 | 8,590,000,000 | 85.9 億 |
| 243000000000 | 243,000,000,000 | 2,430 億 |
| 987650000000 | 987,650,000,000 | 9,876.5 億 |

## 4 四則演算 (p. 6)

step ↗1　(1) 35　(2) 21　(3) 48　(4) 16　(5) 52　(6) 25　(7) 1,408　(8) 162

step ↗2　(1) 31　(2) −96　(3) −54　(4) 8　(5) −29　(6) −131　(7) 456　(8) 16

step ↗3　(1) 775　(2) 311　(3) 723　(4) −49　(5) 173　(6) −37　(7) −2,146　(8) −37

(p. 7)

step ↗1　(1) ① 4　② 8　③ 1　(2) ① −1　② 5　③ −4

step ↗2　(1) 7　(2) −6　(3) −80　(4) 2　(5) 1　(6) 15

step ↗3　(1) 76　(2) −304

## 5 単位の計算 (p. 8)

step ↗1　(1) 50 ×2= 100　　　答　100 km

　　　　(2) 160 ÷40= 4　　　答　4 時間

　　　　(3) 180 ÷3= 60　　　答　時速 60 km

step ↗2　(1) 120 km　(2) 3 時間　(3) 時速 65 km

step ↗3　(1) 125 km　(2) 3.5 時間　(3) 時速 60 km

1

(p. 9)

**step ➚ 1**
(1) $1,200$ $\div$ $120$ $=$ $10$ 　　答　　$10
(2) $30$ $\times$ $100$ $=$ $3,000$ 　　答　　¥3,000
(3) $3,960$ $\div$ $90$ $=$ $44$ 　　答　　€44
(4) $60$ $\times$ $110$ $=$ $6,600$ 　　答　　¥6,600

**step ➚ 2** (1) $12 (2) ¥6,600 (3) €23 (4) ¥9,250

**step ➚ 3** (1) $23 (2) ¥1,265 (3) €45 (4) ¥3,120

## 6 比・割合の計算 (p. 10)

**step ➚ 1**

|  | 小数 |  | 百分率 |  | 歩合 |
|---|---|---|---|---|---|
|  | 0.54 | (1) | 54% | (2) | 5割4分 |
| (3) | 0.0036 | (4) | 0.36% |  | 3厘6毛 |
| (5) | 0.068 | (6) | 6.8% |  | 6分8厘 |
|  | 0.297 | (7) | 29.7% | (8) | 2割9分7厘 |
| (9) | 0.0142 |  | 1.42% | (10) | 1分4厘2毛 |
| (11) | 0.3009 | (12) | 30.09% |  | 3割9毛 |
|  | 0.905 | (13) | 90.5% | (14) | 9割5厘 |

(p. 11)

**step ➚ 2** (1) 15 (2) 20 (3) 20 (4) 82 (5) 17 (6) 90

**step ➚ 3** (1) 150 (2) 900 (3) 125 (4) 500 (5) 400 (6) 600

## 7 商品売買の計算 (p.12)

**step ➚ 1**
(1) $1,800$ $-$ $300$ $=$ $1,500$ 　　答　　¥1,500
(2) $3,000$ $+$ $900$ $=$ $3,900$ 　　答　　¥3,900
(3) $3,000$ $\times$ $0.25$ $=$ $750$ 　　答　　¥750
(4) $1,000$ $\div$ $5,000$ $=$ $0.2$ 　　答　　20%

(p. 13)

**step ➚ 2** (1) ¥1,000 (2) 25% (3) ¥2,000 (4) ¥3,450 (5) ¥180

**step ➚ 3** (1) ¥1,800 (2) ¥2,470 (3) ¥1,050 (4) 25% (5) ¥550 (6) ¥2,400 (7) ¥4,600 (8) 20%

## 8 敬語 (p. 14)

**step ➚ 1**

| 基本形 | 尊敬語 | 謙譲語 |
|---|---|---|
| 言う | (1) おっしゃる | 申す，申し上げる |
| 聞く | (2) お聞きになる | うかがう，拝聴する |
| 読む | お読みになる | (3) 拝読する |
| 行く | (4) いらっしゃる | 参る |
| 会う | お会いになる，会われる | (5) お目にかかる |
| 来る | いらっしゃる，おいでになる，みえる，お越しになる | 参る<br>(6) うかがう |
| 食べる | (7) 召し上がる | いただく，頂戴する |
| 帰る | お帰りになる，帰られる | (8) おいとまする |
| 見る | (9) ご覧になる | 拝見する |
| する | (10) なさる | いたす，させていただく |

(p. 15)

**step ➚ 2** (1) イ (2) ア (3) イ (4) ア (5) イ

**step ➚ 3** (1) お越しになる (2) 拝見する (3) お会いになる (4) お帰りになる (5) させていただく

# 9 商業科で使用する用語 （p.21）

## step ↗ 2

| 番号 | 漢字 | 読み方 |
|---|---|---|
| (1) | 買掛金 | かいかけきん |
| (2) | 小口現金 | こぐちげんきん |
| (3) | 商圏 | しょうけん |
| (4) | 履行 | りこう |
| (5) | 定款 | ていかん |
| (6) | 付加価値 | ふかかち |
| (7) | 貸借対照表 | たいしゃくたいしょうひょう |
| (8) | 買回品 | かいまわりひん |
| (9) | 貸方 | かしかた |
| (10) | 当座借越 | とうざかりこし |
| (11) | 売掛金 | うりかけきん |
| (12) | 注文請書 | ちゅうもんうけしょ |
| (13) | 現金出納帳 | げんきんすいとうちょう |
| (14) | 最寄品 | もよりひん |
| (15) | 借入金 | かりいれきん |
| (16) | 元金 | がんきん |
| (17) | 建値 | たてね |
| (18) | 両端入れ | りょうはいれ |

## （p. 22）
## step ↗ 3①

| 番号 | 読み方 | 漢字 |
|---|---|---|
| (1) | しはらいてがた | 支払手形 |
| (2) | かしつけきん | 貸付金 |
| (3) | しゅうしんこよう | 終身雇用 |
| (4) | かりうけきん | 仮受金 |
| (5) | しさんひょう | 試算表 |
| (6) | しさん | 資産 |
| (7) | ねんこうじょれつ | 年功序列 |
| (8) | まえうけきん | 前受金 |
| (9) | うりあげ | 売上 |
| (10) | ふさい | 負債 |
| (11) | まえばらいきん | 前払金 |
| (12) | ひよう | 費用 |
| (13) | しいれしょがかり | 仕入諸掛 |
| (14) | しいれ | 仕入 |
| (15) | くりこししょうひん | 繰越商品 |
| (16) | みはらいきん（みばらいきん） | 未払金 |
| (17) | ふわたりてがた | 不渡手形 |
| (18) | そんえきけいさんしょ | 損益計算書 |
| (19) | しほん | 資本 |

## （p. 23）
## step ↗ 3②

| 番号 | 読み方 | 漢字 |
|---|---|---|
| (1) | ていけつ | 締結 |
| (2) | うけとりてがた | 受取手形 |
| (3) | ねいれりつ | 値入率 |
| (4) | ばいばいけいやく | 売買契約 |
| (5) | かりかた | 借方 |
| (6) | どりょうこう | 度量衡 |
| (7) | たてかえきん | 立替金 |
| (8) | かたおとし | 片落とし |
| (9) | そうごふじょ | 相互扶助 |
| (10) | ざいせいじょうたい | 財政状態 |
| (11) | きょうきゅう | 供給 |
| (12) | わりびきりょう | 割引料 |
| (13) | とうざよきん | 当座預金 |
| (14) | みしゅうにゅうきん | 未収入金 |
| (15) | せつぐう | 接遇 |
| (16) | しゅうえき | 収益 |
| (17) | きしょうせい | 希少性 |
| (18) | じゅよう | 需要 |
| (19) | かりばらいきん | 仮払金 |

## 12 電卓演習 (p. 28)

**step ➚ 1**

| (1) | (2) | (3) | (4) | (5) |
|---|---|---|---|---|
| 2,873 | 2,375 | 2,763 | 2,863 | 2,862 |
| (6) | (7) | (8) | (9) | (10) |
| 4,469 | 4,130 | 4,711 | 4,532 | 4,351 |
| (11) | (12) | (13) | (14) | (15) |
| 1,270 | 1,410 | 691 | 1,289 | 923 |

**(p. 29)**

**step ➚ 2①**

| (1) | (2) | (3) | (4) | (5) |
|---|---|---|---|---|
| 5,893 | 4,802 | 5,020 | 5,512 | 4,829 |
| (6) | (7) | (8) | (9) | (10) |
| 3,445 | 3,010 | 1,692 | 2,059 | 3,166 |
| (11) | (12) | (13) | (14) | (15) |
| 2,471 | 4,059 | 5,044 | 3,423 | 5,333 |

**(p. 30)**

**step ➚ 2②**

| (1) | (2) | (3) | (4) | (5) |
|---|---|---|---|---|
| 3,453 | 3,831 | 4,055 | 3,873 | 3,318 |
| (6) | (7) | (8) | (9) | (10) |
| 3,614 | 3,530 | 4,099 | 4,003 | 3,397 |
| (11) | (12) | (13) | (14) | (15) |
| 3,765 | 3,945 | 3,656 | 3,767 | 3,708 |

**(p. 31)**

**step ➚ 3①**

| (1) | (2) | (3) | (4) | (5) |
|---|---|---|---|---|
| 3,439 | 3,821 | 3,102 | 4,697 | 3,650 |
| (6) | (7) | (8) | (9) | (10) |
| 2,937 | 4,253 | 4,243 | 3,838 | 2,942 |
| (11) | (12) | (13) | (14) | (15) |
| 3,711 | 4,149 | 4,255 | 3,750 | 3,101 |

**(p. 32)**

**step ➚ 3②**

| (1) | (2) | (3) | (4) | (5) |
|---|---|---|---|---|
| 4,744 | 4,551 | 2,423 | 4,246 | 4,846 |
| (6) | (7) | (8) | (9) | (10) |
| 57,340 | 26,967 | 27,855 | 27,156 | 64,419 |

**(p. 33)**

**step ➚ 3③**

| (1) | (2) | (3) | (4) | (5) |
|---|---|---|---|---|
| 472.71 | 270.02 | 301.38 | 288.08 | 467.79 |
| (6) | (7) | (8) | (9) | (10) |
| 610.71 | 285.06 | 160.61 | 214.48 | 466.42 |

**(p. 34)**

**step ➚ 3④**

| (1) | (2) | (3) | (4) | (5) |
|---|---|---|---|---|
| 66,102 | 12,786 | −3,039 | 31,091 | 47,043 |
| (6) | (7) | (8) | (9) | (10) |
| 538.70 | 179.87 | 286.53 | −62.05 | 514.97 |

**(p. 35)**

**step ➚ 3⑤**

| (1) | (2) | (3) | (4) | (5) |
|---|---|---|---|---|
| 60,160 | 370.36 | −6,525 | 17,028 | 439.18 |
| (6) | (7) | (8) | (9) | (10) |
| 151.52 | 10,191 | −42.14 | 72,117 | 28,372 |

**商業スタートノート**

表紙デザイン
DESIGN＋SLIM　　松　利江子

● 編　者──実教出版編修部

● 発行者──小田　良次

● 印刷所──壮光舎印刷株式会社

● 発行所──実教出版株式会社

〒102-8377
東京都千代田区五番町5
電話〈営業〉（03）3238-7777
　　〈編修〉（03）3238-7332
　　〈総務〉（03）3238-7700
https://www.jikkyo.co.jp/

002302020　　　　　　　　ISBN　978-4-407-36068-4

実教出版株式会社

 見やすいユニバーサルデザイン
フォントを採用しています。

ISBN978-4-407-36068-4
C7034 ¥364E
定価400円（本体364円）

9784407360684

1927034003649

| 年 | 組 | 番 |
| --- | --- | --- |

名前